Mi abuelo espía. Aventura amazónica

Mi abuelo espía. Aventura amazónica

Noa Wolff Pérez

Círculo Rojo
EDITORIAL

Primera edición: Enero 2024

Depósito legal: AL 3699-2023

ISBN: 978-84-1061-048-4

Impresión y encuadernación: Editorial Círculo Rojo

© Del texto: Noa Wolff Pérez
© Maquetación y diseño: Equipo de Editorial Círculo Rojo
Editorial Círculo Rojo

www.editorialcirculorojo.com
info@editorialcirculorojo.com

Impreso en España — Printed in Spain

El papel utilizado para imprimir este libro es 100% libre de cloro y por tanto, **ecológico**.

Para ti, yayo, que me quieres, apoyas y ayudas en todo

Un verano, nos fuimos a Yeste, uno de los días, fuimos a visitar Arguellite, una diminuta aldea de cuatro casas junto a bosques y ríos; estábamos por los campos y la casa en la que mi abuelo creció. Entonces eran otros tiempos, mi abuelo me contó que, de pequeño, sus hermanos y él tenían que ayudar con las frutas y verduras que cultivaban allí. Era precioso, me hubiera encantado vivir allí.

A principios de septiembre, después de la minifiesta de cumpleaños de mi abuelo decidí que para su próximo cumpleaños le escribiría un libro sobre él y se lo regalaría… No lo acabé a tiempo. De hecho, lo acabé justo después, ¡je, je! Ahora se lo daré por Navidad, ¡espero que le guste!

Antonio Pérez Juárez, alias el Sabelotodo.
Nacido en 1948 entre los ríos y montañas de Arguellite.
El pequeño de ocho hermanos.

Durante su infancia Antonio vivió rodeado de naturaleza jugando con sus hermanos por el agua congelada de los ríos que por allí corrían.

Aunque había muchos ríos en los que bañarse y varias verduras que cultivar, él se pasaba la mayoría del tiempo jugando a lo que más deseaba ser en el mundo: un espía.

Capítulo 1

Era el invierno de 2023, pero en España, en Gandía, poco frío hay que soportar, el sol brillaba en el cielo sin rastro de nubes y el paseo estaba lleno de gente disfrutando del clima. Así que Antonio estaba caminando por las laberínticas calles cuando se cruzó con un callejón sin salida. «Qué raro», pensó, porque él cruzaba esa calle muy a menudo y nunca había visto ese callejón. Se acercó para echarle un vistazo, había unos cuantos contenedores con bolsas de plástico negras saliendo de ellos como si fueran cataratas, grafiti cubría las paredes y había algunas baldosas sueltas en el suelo. Miró a su alrededor y se percató de que las otras personas no le daban importancia al callejón, era como si no supieran que existía. Entonces se dio cuenta de que había una pequeña puerta de metal oxidada en el lado derecho; sus instintos de policía podían sentir que no era seguro, a pesar de eso, su curiosidad se apoderó. Dio un paso, luego otro y otro, y antes de que lo supiera estaba caminando hacia la puerta como si estuviera hipnotizado. Agarró el tirador, ¿qué habría tras esa puerta? ¿Por qué sentía que esa puerta tenía tanta importancia? Estaba a punto de descubrirlo. Abrió la puerta y en ese instante supo que, si se atrevía a cruzarla, su vida cambiaría por completo. No tenía muy claro qué hacer, pero desde pequeño le fascinaba la aventura, y con tanta curiosidad como él tenía, ¡¿cómo no lo iba a cruzar!? Después de unos segundos se decidió, retrocedió unos pasos y corrió al vacío.

Capítulo 2

Tras lo que parecieron horas, empezó a ver un puntito blanco debajo de él. Estaba muy lejos, pero a la velocidad que caía se acercaba demasiado rápido para que su mente pudiera procesarlo, así que procedió al único plan que tenía en mente; se quitó el chaleco a toda prisa procurando mantener la nariz dentro de la camiseta para poder respirar. A continuación, se encogió todo lo posible acercando sus rodillas al pecho para crear una especie de bola humana, ahora caía aún más rápido, ¡el suelo estaba a un par de kilómetros! ¡Cinco, cuatro, tres, dos, uno…! Se desplegó a la velocidad de la luz extendiendo sus brazos para crear un efecto paracaídas con su chaleco. Se deslizó con gracia hasta el suelo y sus pies golpearon suavemente la tierra. Una vez abajo, Antonio pudo ver a dónde le había transportado el *agujero negro*. Lo primero que vio fueron árboles por todas partes, la luz del sol se filtraba a través de las ramas cubiertas de hojas tan verdes que parecían fosforescentes, creando rayos de luz. Bajo sus pies, pequeños brotes de plantas crecían en el suelo fértil. Respiró hondo y el fresco aroma de la selva invadió sus sentidos. Miró hacia arriba. ¡El extraño pozo sin fondo había desaparecido sin más! No tuvo más remedio que empezar a caminar.

. . .

Después de varios minutos andando, empezó a notar un ruido extraño. Sonaba como un nido de serpientes siseando continuamente. ¿Podría ser? Desesperado, corrió hacia el sonido y se encontró frente a un magnífico río. Peces plateados subían y bajaban por los rápidos del río, ranas viscosas de todos los colores y tamaños saltaban al agua divirtiéndose; era un paraíso. De repente, en la distancia, un delfín apareció saltando fuera del agua para poder respirar antes de volver a sumergirse bajo la corriente. Al ser unas aguas tan cristalinas, cuando se acercó Antonio pudo ver que ¡era rosa! Su barriga y cara eran rosa pastel y el lomo y la aleta dorsal eran grises. En cuanto su cerebro procesó todo, se llevó una mano a la cabeza y soltó un largo suspiro de sorpresa. Estaba en la selva amazónica.

Capítulo 3

Aún no se lo podía creer. ¿Cómo había llegado desde España hasta Sudamérica? ¡Era una locura! Los delfines rosados solo vivían en las aguas del río Amazonas, lo que le llevaba a pensar que estaba en alguna zona de Brasil. Después de encontrar el río, Antonio se dio cuenta de que todavía conservaba su móvil en el bolsillo del pantalón, lo sacó y metió la contraseña, pero no tenía ni una barra de cobertura. «¡Cómo no! ¡En la selva no hay internet!», gruñó inspeccionando sus alrededores. Había llegado a una parte de la selva más oscura que las demás. Había tantos árboles que casi no dejaban pasar la luz, setas extraordinarias crecían al borde de los árboles y los preciosos pájaros de colores ya no piaban esas preciosas melodías. De hecho, ya no había pájaros a la vista. Al igual que los demás animales, mantenían una distancia entre ellos y esa zona, que Antonio se dio cuenta de que estaba rodeada de hongos. Entonces, de la nada, una docena de lanzas apuntaron repentinamente a su pecho.

—¿Quién eres? —preguntó una voz profunda que venía de detrás de él—. ¿Eres un cómplice de Evanalia? ¿Qué quiere esa bruja esta vez? —gruñó.

Esta vez la voz estaba enfrente de él, el hombre apareció a la vista. Era alto y musculoso e iba sin camiseta, su piel era tan marrón como el chocolate negro y sus ojos eran de color verde jade. Llevaba pintadas rayas negras y verdes en la cara, los brazos y el pecho. Parecía que pertenecía a una tribu. Lo estudió de pies a cabeza y luego miró a uno de sus guerreros, quien lentamente asintió con la cabeza.

—No eres de aquí, ¿verdad? —interrogó el hombre misterioso que lo miraba con esos ojos amarillos brillantes sin confianza.

—No. —Fue la respuesta de Antonio, firme y segura—. Aunque me han despertado el interés. ¿Quién es Evanalia? —dijo, consciente de las puntas de lanza que aún le apuntaban.

—Ah —respondió el hombre, con una sonrisa secreta apareciendo en su rostro—. Evanalia es líder de una tribu enemiga. Nos roban los pastos, secuestran a nuestros aldeanos y espantan a los animales de los alrededores —gritó levantando su puño al aire—. Llevamos años intentando librarnos de su tribu, pero siempre encuentran una manera de vencernos. Pero, bueno, ¡ya te he contado demasiado! ¡A la aldea! Ahí ya veremos lo que hacemos contigo.

Las lanzas ahora le apuntaban para que caminara, así que todo lo que podía hacer era seguir. Les siguió durante kilómetros asomándose tentativamente para disfrutar el peculiar paisaje de la selva amazónica de vez en cuando. Procurando, por supuesto, evitar las lanzas. La selva era exótica e hipnotizante, había desde monos voladores hasta tucanes multicolor. Si Antonio tuviera que describirla en una palabra, sería revuelo. Y eso era porque la selva no se estaba quieta ni un segundo; los grillos no se callaban ni debajo del agua, las hojas tampoco, había miles de animales e insectos en un solo metro cuadrado y se empezaba a oír el ligero ruido de voces distantes.

—¡Alto! —ordenó el hombre—. Nos estamos avecinando a la aldea. Que no se escape.

Y, efectivamente, al cabo de unos minutos cruzaron unas ramas colgantes. Y ¿a que no adivinas qué ocultaban? ¡Una aldea! ¡Era impresionante! El perímetro estaba rodeado de arbustos y árboles de fruta exótica, había una explanada de tierra de un tamaño considerable y sobre ella se encontraban unas pequeñas chozas construidas a base de troncos y ramas secas en las cuales vivían las familias de la tribu. Los niños correteaban y jugaban persiguiendo a los animales (la mayoría capibaras), aunque algunos preferían pescar en un pequeño arroyo que se encontraba en la franja del pueblo. Lo condujeron más allá de los niños que jugaban y lo llevaron a un lugar más desierto en el otro extremo de la aldea.

. . .

Ni los grandes jefes de la aldea se libraban de las cabañas de ramas. Después de esperar unos minutos en una silla de mimbre fuera de una tienda de campaña que se parecía mucho a la de los indios, los krekos (parecían llamarse) decidieron que valía la pena molestarse con Antonio. Un joven salió de la tienda y anunció algo a los guardias en su idioma nativo. Para Antonio sonó como *sudñi jipku vratervrina*, pero los guardias, sin embargo, instantáneamente se pusieron rígidos y un par de ellos lo empujaron dentro de la tienda junto con ellos. La tienda de campaña era bastante más espaciosa de lo que parecía. En primer lugar, había siete personas: Antonio, los guardias, tres personas que parecían ser los jefes de la aldea y una chica joven sentada en un rincón con un pequeño perezoso aferrado fuertemente a su cuello. Todas ahí metidas y ni siquiera estaban aplastadas. De hecho, aún había suficiente espacio como para mantener una distancia. Los jefes no parecían del todo complacidos cuando Antonio entró allí mirando a su alrededor con asombro. «¡Keta!», exclamó uno mirando a la joven. Ella discutió, pero al final se fue, aunque con mala gana. Después de que ella abandonara la tienda, Antonio se preguntó quién sería esa chica. ¿Por qué lo habían llevado allí? Y, sobre todo, ¡¿cómo diablos había terminado en mitad del Amazonas!? El más mayor de la tribu le hizo señas para que se acercara mientras hablaba unas líneas (en otro idioma) a los guardias. Fueron y se quedaron rígidamente bloqueando la entrada, por lo que Antonio tuvo que obedecer y dar unos pasos hacia los jefes.

—Tenemos entendido que tu llegada al Amazonas fue accidental. ¿Es así?

De repente, un hilo de voz le sonó en la cabeza causando que Antonio se sobresaltara. Miró alrededor de la tienda con los ojos como platos. La voz parecía haber venido del anciano, Antonio asintió lentamente. El anciano sonrió. Su rostro era como el de una uva pasa, sin embargo, su pelo era blanco nube y parecía electrocutado como las espinas de un puercoespín.

—¿Ustedes saben cómo he llegado aquí? Por favor, díganme cómo llegar a España —soltó.

Los jefes le miraron con cara rara y entonces el anciano se apuntó a la sien.

—Debes usar tu mente. Tú no nos entiendes y nosotros a ti apenas. Las ondas telepáticas transportarán la información pensada por ti a nosotros en nuestro propio idioma. Ah, y por si te preocupaba, las ondas solo envían lo que nos quieres decir, no lo que piensas tú. Es muy fácil enviar ondas telepáticas, solo tienes que mirar a quien quieres dirigirte a los ojos y pensar lo que quieres transmitir. Quizás te ayude si te llevas el dedo a la sien. Venga, prueba —dijo el anciano.

Y así lo hizo. Se llevó el dedo a la sien, decidió sus palabras, miró a los ojos del anciano y recitó mentalmente su discurso. No funcionó. Lo intentó otra vez. Y otra. Y otra. Cada vez agudizando sus movimientos un poco más. Fue inútil, una y otra vez no pudo comunicarse telepáticamente con los krekos. Derrotado, suspiró mirando al suelo.

—Inténtalo de nuevo. —Sonó la voz del anciano en su mente—. Solo una vez más.

Y de nuevo lo intentó. Volvió a posicionarse y finalmente, ¡lo logró!

—¿Cómo he llegado hasta aquí? ¡Necesito volver a España! Por favor, ayúdenme a salir de aquí.

—Calma, calma, no sabemos cómo has llegado hasta aquí ni cómo puedes salir. La única persona que quizás podría ayudarte es **Evanalia** —murmuró.

—¿¡Quién!? —preguntó Antonio.

—¡Evanalia! —repitió el anciano, obviamente molesto.

—¡Evanalia! ¡Tengo que encontrarla! ¿Dónde está?

—No *sabemos* dónde está y definitivamente no vas a unirte a ella.

—¡Por favor! ¡Tengo que volver a casa!

—Lo siento, no haberte topado con las krekos.

§ § §

Capítulo 4

El juicio había terminado. Estaba decidido. Se quedaría allí hasta el fin de sus días. A menos que… Solo estaba amaneciendo, el sol desprendía intensos colores anaranjados que pintaban el cielo dorado. Chispeaba y había un leve viento, pero era una mañana increíble, el aire olía limpio y fresco, no a gasolina caliente. Su plan tendría que esperar. Un pequeño equipo de guardias rodeaba su diminuta cabaña 24/7, incluso ahora que llovía estaban allí (sin importarles ni un pelo la llovizna) mirando por la ventana directamente a través de su alma. Su plan consistía en estrategia, debía esperar el momento perfecto y el sitio perfecto para poder iniciarlo. Y finalmente, después de días de preparación empezó.

. .

¡Crrraaaack! La puerta de la cabaña crujió al abrirla, inmediatamente los guardas se giraron.

—¡Alto! —ordenó una joven guerrera con mucho acento.

La puerta se quedó entornada e inmóvil. ¡Pum! Volvió a sonar un ruido, esta vez seguido de sutiles pasos en el tejado. Era un tejado muy bajo, pero las noches en el Amazonas eran tan oscuras que apenas se veía.

—¡Alto! —Volvió a decir la mujer acercándose más a la cabaña—. Señor Pérez, está rodeado, no logrará escapar. —Silencio—. ¡Jac! ¡Jac! ¡Jacts! ¡Ongats aroi tuss!…

En cuestión de minutos todo el equipo abandonó su puesto como guardias de Antonio y empezaron a patrullar la selva en busca de él.

. . .

—Je, je, je. —Rio Antonio saliendo de debajo de la cama, su plan había funcionado de maravilla. Todos pensaban que se había escapado, y se marcharon a buscarle dejando así la cabaña desprotegida. Ahora sí se podría escapar tranquilamente. Al salir, Antonio vio a la patrulla de búsqueda volviendo de su intensa cacería sin pizca de suerte. «Uff», pensó Antonio, iba a ser más difícil de lo que suponía. Los krekos habían llegado muy tarde, y Antonio se tenía que ir ya. Una joven pareja estaba dirigiéndose hacia su cabaña. Si se quedaba allí mucho más, no había duda de que le descubrirían. Y, sin apenas planearlo, sin alimentos ni utensilios Antonio emprendió su mayor aventura hasta ahora.

. . .

—¡Venga! —siseó Lía urgentemente—. ¡Vamos! ¡Que a este paso nos pillan!

¿Os acordáis de la chica de la tienda? La del perezoso. ¿Sí? Pues se llamaba Lía y estaba ayudando a Antonio a salir de aquel pueblo.

—¡Mira! Nos esconderemos tras esas ramas hasta que entren dentro y entonces escaparemos.

Lía sí que podía hablar español, y muy bien. Ella y el hombre misterioso que había encontrado a Antonio eran los únicos que lo sabían hablar en todo el pueblo. No les servía para mucho, pero saber más de un idioma siempre venía bien. Se escondieron detrás de unos matorrales preciosos y vieron cómo la pareja entraba en la cabaña al cabo de un rato.

—¡Vamos! —dijo Lía—. ¡Rápido! —Salieron del arbusto y comenzaron a andar en dirección opuesta a la aldea.

§ § §

Capítulo 5

De: asemilacarrena@astgmail.com
En contacto con las tribus. Escapado. Demasiado fácil.
Envía a Bárbara.

. . .

—¿¡Cuánto duran las lluvias aquí!? —exclamó Antonio. Lía y él estaban refugiados bajo unas hojas enormes; estaba lloviendo a cántaros y una densa niebla cubría el barro. Llevaba horas así y Antonio se estaba empezando a hartar.

—La lluvia dura lo que dura. Pueden ser horas o días. Estamos en una selva —dijo Lía—. Esta parece una de días, así que, si quieres avanzar, te recomiendo que sigamos adelante. ¡Que solo es un poco de lluvia!

—Vale —suspiró Antonio. Lánguidamente sacó un pie de debajo de la hoja. Entonces salió. Instantáneamente, se empapó de pies a cabeza—. ¡Venga ya! —gruñó mirando al aire, Lía soltó una risita mona. Ella también salió y se mojó entera.

—Venga, vamos. Es por… allí —dijo apuntando hacia unos árboles.

. . .

—¡Mira! —exclamó Lía apuntando a una estructura de madera que estaba escondida entre los árboles, pero había quedado al descubierto por la lluvia.

—¿Es eso?

—Escondido, natural, difícil de encontrar… ¡Sip! Es esto.

—¿Y ahora qué?

—Ahora explicáis quiénes sois y qué hacéis aquí —dijo una voz detrás de ellos. Se giraron y un trío de mujeres les apuntaban con lanzas.

—¡Y dale con las lanzas! ¿Es que en la selva no sabéis solucionar las cosas hablando o qué? —suspiró Antonio. Las dos mujeres de atrás se miraron, pero la líder no se inmutó.

—¡Los nombres!

—¿Evanalia? —preguntó Lía. La chica del frente asintió lentamente, se parecía bastante a Lía, tenía la piel de color chocolate, tenía unos ojos enormes de color miel y un traje hecho de hojas de planta de café y cacao; la única diferencia era que su pelo afro marrón oscuro estaba decorado con tiras de oro enrolladas, no todo trenzado como Lía y su rostro. Lía tenía la sonrisa marcada con líneas de expresión, sin embargo, Evanalia parecía mucho más seria, incluso sus ojos dorados estaban llenos de tristeza.

—¿Quiénes sois? —repitió, esta vez acercando la lanza un poco más.

—¡Tranquila, tranquila! —exclamó Lía alzando sus manos—. Yo soy Lía y él es… Emmm…

—Antonio, soy Antonio Pérez Juárez.

—Eso —dijo Lía—. Antonio.

—¿Que hacéis aquí? —preguntó sin apartar la lanza.

—Evanalia, estás intentando retenernos bajo la lluvia, pero mi compañero viene de España y no está acostumbrado a tanta lluvia…

—¿Has dicho que viene de España? —confirmó Evanalia.

—Emmm… Sí.

—¿Cómo ha llegado hasta aquí?

Antonio y Lía se encogieron de hombros.

—Magia.

—Muy bien —dijo Evanalia—. Hablemos en un sitio más tranquilo.

§ § §

Capítulo 6

—Quieres que te ayude a volver a España —dijo Evanalia incrédula.

Después de refugiarse bajo unos árboles, Evanalia le había pedido a Antonio que empezara desde el principio, así que, sin más, Antonio comenzó su historia, explicando detalladamente a la líder y a Lía como había acabado en el Amazonas desde la misteriosa calle hasta la épica escapada de la aldea de los krekos.

—El jefe de los krekos me dijo que solo tú sabías cómo volver. ¡Por favor! ¡Haré lo que sea!

Evanalia se mordió el labio.

—¿Cualquier cosa?

Ahora le tocaba a ella explicar su historia.

—Últimamente hemos tenido unos cuantos problemas. Rubén, el hombre que te encontró, te dijo que yo era una bruja, que les robábamos y secuestrábamos, eso no es así. No te contó que los krekos capturan animales y los usan como conejillos de indias para experimentar, no te contó que los krekos invaden partes del Amazonas y se las venden a granjas industriales que las queman, influyendo en la deforestación, no te contó que torturan y matan a quien se atreva a ponerse en su camino. Nosotros somos todo lo contrario, hacemos todo lo posible para convivir con la naturaleza. Espantamos a los animales de los alrededores para que los krekos no puedan llegar a ellos. Pero, bueno, ese no es el tema. La tribu y yo ya nos estábamos cansando y los krekos estaban cada vez más cerca de encontrarnos, no podíamos seguir así. A principios de septiembre hice un viaje al lago sagrado; tenía que encontrar una solución. Me llevé jade blanco y esmeraldas para hacer una ofrenda. Rubén no te mintió en lo de que soy una bruja, pero no lo decía en el contexto correcto; sé magia, así que soy una bruja. En nuestra tribu muchas personas saben magia, no es para tanto, son pequeños hechizos. Pero, bueno, ¡que me vuelvo a desviar! El río que encontraste, si hubieras seguido hacia arriba unos kilómetros, te habrías encontrado con la entrada del lago. ¡No puede ser casualidad! Fui al lago para pedir ayuda, seguramente mi encantamiento abrió un portal en Gandía al que solo podía acceder el elegido.

—¡Espera! —interrumpió Antonio—. ¿Por qué soy yo el elegido? ¿Yo que tengo que ver con esto?

Evanalia sonrió y continuó:

—Eso lo tienes que averiguar por tu cuenta. El caso es que estás aquí porque yo te he llamado y yo te ayudaré a volver en cuanto tú me ayudes con mi problema —terminó.

—Vale, ¿qué tengo que hacer?

—No lo sé. Pero eres el elegido por alguna razón, ya se te ocurrirá algo. Mientras lo piensas, te daré un sitio para dormir. Tranquilo, que aquí no te vamos a secuestrar.

—Lía —dijo Evanalia girándose hacia ella—. Tú también tendrás un lugar para dormir. Pero tengo que asegurarme de que no eres una espía de los krekos.

—No lo soy. Me encontraron de pequeña cuando me perdí en la selva. Me convirtieron en parte de su tribu, pero a mí nunca me gustó cómo trataban a los animales. —Zanjó.

—¡Demostrado!

. . .

Había pasado una noche. La lluvia había parado, Lía se había equivocado. Antonio estaba sentado en un diminuto sofá de tierra y hojas que decoraba su *cabaña*. Los *zapó* (la tribu de Evanalia) vivían mayoritariamente entre los árboles, sus viviendas eran pequeñas casas construidas encima de ramas de árboles con materiales naturales de la propia selva. El sillón de tierra era bastante más cómodo de lo que pensaba y no ensuciaba porque estaba cubierto de hojas enormes. Era una casita de una habitación, literalmente; una alfombra de lana cubría el suelo de madera de la casa, en el rincón había una pequeña cama de paja con sábanas y mantas de lana; había una ventana al lado de la cama que daba vista a las otras casas en los árboles que le rodeaban, cualquiera podía simplemente asomarse a la ventana y observarle; por suerte unas raíces colgantes cubiertas de hojas servían de cortinas. En las casas no había cocina. Para comer, los zapó se reunían en el centro del pueblo, luego hacían una hoguera y comían lo que cazaban y frutos que encontraban. Una fina pared de palos separaba la habitación del baño; era un baño muy pequeño, con un retrete de madera y un bol de madera encima de una mesita, y un cubo de madera con agua al lado para poder lavarse las manos. Al igual que con las comidas, los zapó bajaban todos juntos al río unas tres veces a la semana, allí se bañaban todos juntos y llenaban cubos de agua que usarían para su higiene y cocinar. También cazaban peces. Antonio estaba pensando, pensando en cómo solucionar el conflicto entre las tribus, pero no podía concentrarse. Abrió la puerta de la casita y con mucho cuidado dio unos cuantos pasos sobre las ramas agarrándose para no caerse, los zapó estaban acostumbrados a andar entre los árboles y lo hacían como si estuvieran andando sobre tierra firme. Pero Antonio no lo hacía con facilidad, siguió escalando, poniendo los pies en las hendiduras de los árboles y agarrándose de ramas hasta que finalmente llegó a su destino. Allí podría pensar.

§ § §

Capítulo 7

Antonio tenía los ojos como platos. Allí estaba él, en la cima de un árbol, contemplando el asombroso panorama verde. Millones de árboles se extendían por el paisaje a lo largo de cientos de kilómetros, un río plateado de infinitas curvas recorría la selva, vaporosas nubes flotaban en el cielo azul grisáceo. El corazón le latía a mil por hora, era lo más bonito, lo más alucinante que había visto en su vida. No había palabras para explicar lo majestuoso que era el Amazonas. Antonio se podría haber quedado allí horas simplemente mirando, respirando... Sin embargo, alguien dijo:

—Hay que bajar ya. Es la hora de desayunar.

Era Lía. Con todo el revuelo del día anterior, no habían hablado hasta ahora.

—¿Dónde hay que ir? —preguntó Antonio.

—No lo sé. Eva me dijo que nos esperaba a las diez bajo tu caseta.

—¿Qué hora es? —preguntó Antonio. Lía puso la mano en el aire, después de unos minutos dijo:

—Las diez aproximadamente. Puede que sean menos cinco. Vamos.

Cuando Antonio era pequeño, él también podía leer el sol, pero con los años y la tecnología se le había olvidado. Miró una última vez al increíble paisaje y trepó hacia abajo hasta que llegó a su caseta. Ahí había una escalera de bambú para facilitarles la bajada.

· · ·

Evanalia estaba esperando abajo.

—Hay que apresurarse —dijo nada más que Lía tocó el suelo.

—¡A esta hora ya están todos en la hoguera! —Evanalia recogió la escalera y la escondió entre unos arbustos.

—¿Por qué la escondes? —preguntó Antonio extrañado.

—Porque, si los krekos pasan por aquí y ven una escalera apoyada contra un árbol, sabrán dónde nos escondemos.

Mientras caminaban entre la multitud dirigiéndose hacia la hoguera, Antonio recordó la patrulla de búsqueda de los krekos. ¿Le habían olvidado? ¿Seguirían buscándole? ¿Dónde estaban? Y lo más importante, ¿descubrirán a los zapó?

. . .

Huevos de pato, aguacate, pescado con piña y albahaca y zumo de bayas de acaí con lima. Ese era el desayuno de hoy. Llamas rojo neón bailaban en la hoguera, chispas anaranjadas saltaban por todas partes enfurecidas. Para cocinar los huevos y el pescado con piña lo habían envuelto todo con hojas de palmera y puesto en el fuego. Estaba toda la aldea, unas cincuenta personas alrededor de las llamas esperando la comida, todos tenían una hoja de cacao como plato y la corteza de un coco como vaso. Cuando al fin llegó la comida, Antonio dudó unos momentos.

—Está más rico de lo que parece —susurró Lía.

—Es inusual en España, pero está muy bueno —aseguró.

Antonio cogió el pescado y un trozo de piña con la mano y se lo llevó a la boca, Lía tenía razón, la carne suave y salada del pescado combinaba a la perfección con el sabor dulce y jugoso de la piña; escupió las raspas y siguió comiendo entusiasmado, el coco estaba medio lleno de zumo de bayas de acaí con lima, lo probó, su cuerpo burbujeaba de placer mientras tragaba el jugo agridulce que sabía un poco a frambuesa. Lía sonrió, y en cuanto el huevo se enfrió, Antonio lo peló y lo engulló en un solo bocado junto al aguacate. Pero había un problema, aún no tenía ni idea de cómo iban a vencer a los krekos.

. . .

—¿Y si les decimos a los granjeros que los krekos son unos esta-
fadores? —sugirió Lía.

Evanalia, Lía y Antonio estaban reunidos en la caseta central
(la caseta más grande y única del pueblo con varias habitaciones)
debatiendo las opciones de ataque.

—A las granjas industriales les da igual siempre y cuando con-
sigan algo. ¡La mayoría ni siquiera compra tierra! ¡La destruyen
sin más! —exclamó Eva.

—No funcionará. Estoy seguro de que solo podéis ganar si el
trato también les gusta a los krekos. Además, la violencia no es la
respuesta —aseguró Antonio sentándose en el gigantesco sofá de
paja de la caseta central.

Evanalia y Lía iban soltando ideas a lo loco. Así no había quien
se concentrara. Tenía que estar a solas.

. . .

Sentado en el tejado de su caseta con un bol de leche de coco con bayas en la mano (lo había tenido que conseguir él por su cuenta, pero
Lía le había enseñado y ahora podía cazar el solo), Antonio meditaba
sus ideas para resolver el conflicto entre las tribus. Se acordó de las
series de detectives que solía ver en Gandía, para resolver un caso había que hacerse preguntas, para resolver un conflicto, también; ¿por
qué se llevaban tan mal las tribus? A los zapó no les gustaba lo que
hacían los krekos. ¿Qué habían hecho para solucionarlo? Robar y
secuestrar los unos a los otros. ¿Habían intentado solucionarlo? No.
¿Cuánto tiempo llevaban así las tribus?... ¿Cómo empezó todo?...
Y, finalmente, ¿qué trato aceptarían ambas tribus? Para resolver la
última había que resolver las otras dos… Evanalia estaba en reunión
con el consejo de la tribu, en la caseta central. ¡TOC! ¡TOC! ¡TOC!
La puerta de la caseta central se abrió una fracción.

—¿Qué pasa, Antonio? Que estoy en una reunión —suspiró
Evanalia abriendo la puerta.

—Si sabes responder a estas preguntas, mañana mismo puedo tener un plan de acción. —Zanjó Antonio intentando no caerse del árbol. Eva le miró con cara de sospecha.

—Pasa y pregúntanos. —Decidió.

Eva le guio hasta una sala diferente a la de esa mañana, esta sala tenía una ventana en cada pared, eran tan grandes que cubrían casi toda la pared, sin embargo, las raíces impedían a la luz pasar haciendo que la habitación quedase con una luz tenue. Cinco personas estaban sentadas en círculo sobre la alfombra alrededor de una mesa redonda de madera muy bajita, entre esas personas estaban: uno de los cocineros del pueblo, las dos mujeres que estaban con Evanalia cuando le encontraron y ¡Lía! Evanalia se volvió a sentar y preguntó qué era lo que tenía que preguntarles.

—¿Desde hace cuánto que tenéis problemas con los krekos?

—Desde mis tataratatarabuelos —contestó Eva frunciendo el ceño.

—¿Eso que tiene que ver?

—Todo tiene que ver. ¿Y por qué os enfadasteis? Es decir, ¿qué pasó?

—Tanto los zapó como los krekos eran tribus pobres, digamos, y eran muy buenos amigos. Los krekos descubrieron que podían ganar muchísimo poder y prestigio si vendían tierras a granjas industriales. Lo que pasó es que los zapó tenían mucha conexión con la naturaleza y lentamente fueron notando los cambios de la deforestación, entonces les rogaron a los krekos que pararan, pero estaban viciados. Después vieron que ciertos animales daban más o menos nutrientes y con el dinero de las tierras lograron combinar animales para conseguir los nutrientes perfectos, sin embargo, la mayoría de esos experimentos fallaban y herían a la fauna de la selva; entonces los zapó sí que actuaron, los krekos volvieron a negar que pararían, así que los zapó empezaron a secuestrar a los aldeanos para presionarlos a parar. Nunca les hacían nada salvo explicarles lo perjudicial que era. Ocasionalmente lo entendían y se unían a nuestra tribu, pero normalmente intentaban escaparse diciendo que lo hacían por el dinero. Entonces los zapó empezaron a robarles los pastos y ahuyentar a los animales y así ha seguido durante generaciones —terminó Evanalia.

—Vale. ¡Gracias! Tengo un plan.

§ § §

Capítulo 8

De: asealvaro_castillo@astgmail.com
Enviada. Plan por camino de rocas.
Va a ser divertido.

. . .

Evanalia, Trini, Tod, Lía y Antonio cruzaron las raíces colgantes; inmediatamente, un mogollón de guardias les rodeó.

—Vaya, vaya, vaya. Evanalia, por fin tengo el gusto de conocerte en persona; y tú, traidora, te criamos, te alimentamos y te escapas con un prisionero para unirte a la tribu enemiga —dijo Rubén saliendo de las sombras.

—Rubén —dijo Evanalia intentando mantener la calma—, solo queremos hablar. Después de años es hora de forjar la paz entre las tribus, un trato que beneficiará a ambas tribus.

—Bah. Me aburro. ¡Guardias!

—Te recuerdo que puedo desaparecer de aquí en cualquier instante —le recordó Evanalia, chasqueando los dedos. De repente Antonio volvía a estar en la entrada de la aldea de los zapó, y al siguiente instante estaba de nuevo al lado de Evanalia. La sensación era horrible, ser transformado en pequeñas partículas, luego ser empujado por el viento y de nuevo transformado, todo a la velocidad de la luz—. Así que yo, de tu parte, me sentaría a negociar —terminó Evanalia.

—Muy bien —suspiró Rubén—. Venid por aquí.

La aldea estaba desierta. ¡Como si nada!, ¡la gente había desaparecido! Era todo muy extraño. Rubén les guio hasta un apartado de cabañas señalándoles una al final del todo.

—Ahí es donde hablaremos —dijo abriendo la puerta.

—¿Ahí? ¿No vamos a hablar en la tienda? —dijeron Antonio y Lía de forma simultánea.

—No.

Por dentro la cabaña era diminuta, con un baño y una sala completamente vacía.

—¿Cómo vamos a negociar aquí? —dijo Evanalia girándose hacia Rubén, y antes de que se dieran cuenta de lo que estaba pasando, él cerró la puerta y les atrapó.

—¡No! —exclamó Evanalia golpeando la salida.

—¡Cómo hemos podido ser tan tontos! —dijo Evanalia.

Dándole un toquecito en el hombro, Lía dijo:

—Eva, tu magia.

—¡Claro! —Evanalia dio un chasquido de dedos. No pasó nada. Miró extrañada. Probó varias veces más. Nada cambió. Gruñó frustrada. Trini y Tod estaban sentados en un rincón observando a su líder muy callados. Antonio fue hasta la salida y golpeó con fuerza.

—¡Rubén! ¿A qué viene todo esto? ¿A dónde quieres llegar?

—Dentro de esa sala no se puede hacer magia. Tiene un encantamiento. Además, las paredes son gruesísimas. Nunca saldréis de aquí, os lo prometo. Por lo menos hasta que sepamos dónde está la aldea de los zapó.

—Entonces esperaré sentada —dijo Evanalia desde un rincón de la habitación.

—Mmm… Di lo que quieras, Evanalia, pero eso cambiará con el tiempo. En cuanto a ti, Antonio, ¿no quieres volver a España? ¿No quieres volver a tu casa en tu país? Como veis, tarde o temprano os sacaré la verdad de una forma u otra. Así que ¿para qué resistirse? ¿Para qué sufrir tanto cuando algún día lo delataréis? Me lo podéis decir ahora o perder el tiempo jugando a no dirigir la palabra y sufrir.

§ § §

Capítulo 9

El pánico se esparcía por el pueblo. Kaia, la persona que Evanalia había dejado encargada de la tribu, no sabía qué hacer. Había rumores de que Evanalia y su equipo habían sido capturados por los krekos y ahora todo dependía de ella.

—Nos vamos —dijo durante una reunión con los sustitutos de consejería.

—¿Cómo que nos vamos? —preguntó uno.

—Pues eso. Nos vamos.

. . .

Los cinco estaban sentados en el suelo de la sala sin hablar, pero todos pensaban lo mismo, ¿cómo vamos a salir de aquí? Todos buscaban una respuesta, nadie la encontraba. Tres días habían pasado desde que vieron el mundo exterior, ocho días desde que Antonio llegó al Amazonas.

—Me pregunto qué hará la tribu ahora mismo —dijo Tod sin moverse de su sitio. Todos lo ignoraron.

—La sala —dijo Antonio al cabo de un rato.

—¿Cómo? —preguntó Lía.

—¡El baño! Rubén dijo que la *sala* era a prueba de magia. ¡No dijo que el baño lo fuera! ¡Podríamos escaparnos por el baño!

—¡Sí! —suspiró Evanalia con entusiasmo—. Todos al baño.

El baño era diminuto. No cabrían cinco personas ni aunque se tumbaran uno encima del otro.

—Bueno, venga, por grupos —insistió Eva. Antonio y Lía fueron los primeros. Evanalia chasqueó sus dedos y aparecieron en la entrada de la aldea de los zapó, ¡funcionaba! Evanalia, Tod y Trini aparecieron a su lado, pero entonces sus sonrisas desaparecieron. Solo había árboles.

· · ·

—No pasa nada —aseguró Evanalia—. Sé dónde encontrarles. Pero, Antonio, tú no puedes venir, debes volver a España. No tengo ningún mapa, ¿crees que puedes acordarte?

—¿Sí? —dijo Antonio encogiéndose de hombros con sus palmas hacia arriba.

—Bien. Tienes que volver al río. En el río arroja estos topacios al agua para que te den buena suerte, el amarillo primero, *luego*, el azul. Desde ahí vas en diagonal hacia arriba, en dirección contraria al río; muchas veces tendrás que elegir un camino, el patrón es derecha, derecha, izquierda, tercera salida de derecha, izquierda, derecha. Cuando llegues al río principal no preguntes a nadie cómo llegar a España, solo cruza el río como puedas, entonces camina recto hasta que llegues a tu destino. Di Lía y ella aparecerá. Pero solo una vez.

—¿Y cómo sabré cuándo he llegado?

—Créeme, lo sabrás.

§ § §

Capítulo 10

Las indicaciones de Evanalia eran muchas, pero se podía acordar; primero tenía que encontrar el río. Evanalia le había dado la dirección hacia donde dirigirse, pero estaba muy lejos, tenía que andar durante días, sin importar el clima. En el Amazonas en diciembre solo había ocho días secos, y por lo menos dos ya estaban gastados.

. . .

Día 1: El paisaje del Amazonas es precioso, hay muchísimos animales y veo monos a todas horas. La comida no es mi prioridad ahora mismo dado que acabo de empezar; en cuanto tenga hambre, ya me preocuparé.

Día 2: Ayer tarde encontré el río, tiré las piedras en el orden; amarillo, azul, y decidí acampar debajo de unas rocas justó al lado. El frío me despertó pronto, ahora está lloviendo a cántaros. Echo de menos mi chaleco.

Día 3: Empiezan las complicaciones.

. . .

La lluvia no paraba, no encontraba comida y los jaguares empezaban a acecharle. Los monos chillaban entre los árboles refugiándose bajo las hojas. Una leve niebla cubría la selva y un joven jaguar le observaba posado en una rama gruesa. Al otro lado de una explanada de tierra había unas palmeras con lo que parecía un pegote de arándanos, ¡bayas de acaí! Corriendo, probó cruzar la explanada, pero en el momento en el que la pisó, se hundió hasta la rodilla en la arena. Entonces se dio cuenta. Arenas movedizas. Cada vez se hundía más y más. «Tengo que mantener la calma», pensó Antonio. Se quedó rígido intentando tumbarse. Lentamente, flotó hasta la superficie, se levantó y corrió a tierra firme. Las bayas tendrían que esperar.

. . .

Día 5: En todo este tiempo no ha parado de llover, es muy incómodo andar con ropa mojada y llena de fango. Voy a hacer mi segunda parada para dormir, será más difícil que la primera vez.

Día 7: No creo que las gemas me hayan dado mucha suerte, ayer unos monos me robaron el móvil y el reloj (aunque ninguno funcionaba).

Día 9: Estoy avanzando, ya he tenido que elegir dos caminos; derecha, derecha.

. . .

El patrón era: derecha, derecha, izquierda, ¿no? Frente Antonio había dos caminos, el de la izquierda; un camino rocoso y con poca luz. El de la derecha; un sendero colorido, cubierto de plantas, flores y animales. ¿Por dónde iba? Evanalia había dicho derecha, derecha, izquierda. Pero la derecha parecía más segura. Tendría que ir por la izquierda.

§ § §

Capítulo 11

—¡Hola! —Una chica apareció de la nada.

—¿Quién eres? —dijo Antonio sobresaltado.

—Ah. Perdón, siempre se me olvida. Soy Bárbara.

—No eres de aquí, ¿verdad? —observó Antonio fijándose en su piel pálida, su largo, liso y brillante pelo negro y sus vaqueros y camiseta negra.

—No —afirmó la joven—. Pero sé cómo llegar al portal interestelar que te llevará a España. ¡Vamos!

. . .

Después de varias horas caminando, Antonio y Bárbara llegaron al siguiente cruce, el triplete.

—Era tercera salida de derecha, ¿no? —preguntó Antonio.

—¡Qué vaaa! ¡Tercera a la izquierda! ¿¡Cómo se te pudo olvidar!?

—¿Segura? Estaba seguro de que era a la derecha.

—Ya. Bueno. Pues te has equivocado, porque yo soy la que ha ido, no tú. Izquierda.

Antonio se encogió de hombros y siguió el camino. La selva amazónica tenía una esencia mágica. Todo parecía sacado de un cuento de hadas, los sonidos, los paisajes, ¡incluso los animales eran exóticos! Era un paraíso. En el que tenías que sobrevivir, pero un paraíso.

. . .

Tres días andando con Bárbara y no hubo ni un solo cruce más, era muy raro, pero Bárbara parecía saber a dónde iba, así que lo mejor que podía hacer era seguirle. Llegaron a un pequeño lago en medio de la selva, en medio había una pequeña isla de arena.

—Hay que cruzar el lago —dijo Bárbara. Antonio retrocedió y corriendo pegó un salto y aterrizó en medio de la isla.

—Impresionante. Qué pena que no tengas suficiente espacio como para hacerlo de nuevo.

En ese instante, una docena de cocodrilos aparecieron rodeando la isla.

—Buena suerte escapando. —Y con eso Bárbara se esfumó con tanta facilidad como con la que apareció.

· · ·

El corazón le iba a mil por hora. Eran caimanes. El cocodrilo más peligroso de todo el Amazonas. Entonces se acordó. «¡LÍA!», gritó desesperado. La imagen de Lía fue formándose a su lado.

—Menudo lío en el que te has metido. ¿Es que tus padres no te dicen que no hay que confiar en extraños? —dijo Lía riéndose—. Bárbara te ha alejado muchísimo. Puedo teletransportarte para que te saltes un cruce. Ahora en el siguiente cruce debes ir a la derecha, entonces al río.

—¿Por qué no puedes dejarme en el río?

—No puedo. Está demasiado lejos. Desde donde te dejo yo, con suerte, en treinta y seis horas podrías estar en el río. Adiós, Antonio. Buena suerte. —Se despidió Lía. Antonio apareció en otro cruce. Derecha.

· · ·

Veintitrés días atrapado en el Amazonas. Era emocionante. Ya podía oír a gente hablando. Por fin llegó al río. Era impresionante una enorme corriente de agua turbia recorría la selva durante kilómetros, decenas de barcas estacionaban en los laterales. Un hombre se acercó y le dijo:

—*Se você me der essas frutas, eu te levo para o outro lado do rio.*

Antonio le miró con cara extrañada, pero entonces vio que estaba apuntando hacia unas palmeras. Quería las bayas a cambio del viaje.

—Muy bien —murmuró Antonio entre dientes. Con mucha dificultad empezó a escalar, las bayas estaban muy arriba, pero necesitaba cruzar ese río. Llegó arriba y arrancó las bayas para que un racimo de ellas se quedara en su mano. Miró abajo. Todos habían parado y le observaban con cautela. El hombre le asintió y Antonio comenzó el descenso. Una vez abajo, todos los vendedores le acorralaron y se ofrecieron a llevarle como locos. Pero él ya tenía un trato. Les apartó y se subió a la barca del hombre. Él le sonrió y empezó a remar.

§ § §

Capítulo 12

. . .

Había muchísima más civilización en el otro lado del río, pero, según se adentraba en la selva, se iba desvaneciendo. Después de varias horas andando, volvía a estar de vuelta en la selva tropical sin nadie quien le ayudara. Estaba anocheciendo y por fin había parado de llover. ¿Aprovechaba para andar sin lluvia o aprovechaba para dormir sin ella? No había dormido en tres días. Dormir. Se refugió de la mayoría de los animales construyéndose un pequeño refugio en un árbol y allí durmió esa noche. Cuando despertó unos monos estaban sentados en sus piernas comiéndose las hojas de su refugio. Era hora de irse. No estaba lloviendo y era pronto. No había tiempo que perder.

. . .

Llevaba andando unas horas, Evanalia dijo que sabría cuándo llegaría. Este parecía el sitio. Una explanada rodeada de flores y árboles. De repente, se escuchó un crujido detrás de unos arbustos, y ante él se encontraba un escuadrón de jóvenes con ropa de camuflaje de selva en formación de triángulo.

—Antonio Pérez Juárez. Enhorabuena —dijo la chica que estaba al frente.

—¿Cómo? —preguntó él confuso. ¿Quiénes eran? ¿Por qué le felicitaban? ¿Cómo sabían su nombre? ¿Era otra trampa? Y, sobre todo, ¿eran ellos la clave para volver a España?

—Venimos en nombre de la ASE, también conocida como la Asociación Secreta de Espionaje. Antonio, durante estos días has estado sometido a una estricta prueba de iniciación. Hemos observado que tienes sabiduría, coraje, lealtad y eres muy decidido, todas esas cualidades son fundamentales para ser un espía. Entonces, ¿qué dices? ¿Quieres trabajar para la ASE?

Todo este tiempo Antonio permanecía boquiabierto.

—¡Claro! —dijo con una enorme sonrisa en el rostro.

—¡Genial! ¡Volvamos a España!

§ § §

Capítulo 13

¡Por fin de vuelta a España! El Amazonas era un lugar mágico y único en el mundo, pero, sin duda alguna, España era mejor. El gélido viento le soplaba en la cara mientras volvía a ser testigo de la belleza de la playa de Gandía. Parecía que ya se había enfriado un poco el clima, ¡menos mal! Nunca olvidaría este diciembre que, sin duda, había sido una aventura, pero ahora sabía que le esperaban muchas más aventuras por delante.

. . .

—¡He llegado! —exclamó Antonio abriendo la puerta de su casa. Su nieto Alex estaba sentado en el sofá viendo una peli.

—¡Yayo! —dijo pausando la peli y dándole un abrazo. Todos salieron del comedor a recibirle.

—¿Has traído churros, Antonio? —preguntó su mujer saliendo del comedor también.

—¡Eeh! No —dijo extrañado. Dónde pensarían que había estado.

—Ay, Antonio, ¡mira que ir a Albacete y no traer churros! —dijo marchándose a la cocina. Su nieto le miró con una sonrisa y su nieta Noa le guiñó un ojo. Su familia creía que había ido a Albacete a ver a la familia que vivía allí. Era increíble, ¡la ASE se había ocupado de todo!

. . .

28 de diciembre del 2023, dos días después de la vuelta a España. Era medianoche. Todos dormían. ¡TOC! ¡TOC! ¡TOC! Antonio

despertó. Una adolescente pelirroja vestida de negro golpeó su ventana. «¡Estamos en un noveno!», pensó Antonio abriendo la ventana, la chica estaba enganchada a una tirolina que conducía a una furgoneta negra.

—Antonio Pérez Juárez, tus servicios son reclamados.

Gracias a mi madre y mi padre por confiar en este libro.

Nota de la autora

Hola, soy Noa Wolff Pérez, tengo once años y soy la autora de *Mi abuelo espía. Aventura amazónica.* El libro va dedicado a mi abuelo Antonio, que es muy listo, y cuando yo era más pequeña, me enseñaba mates; aún me acuerdo de cuando me enseñaba la tabla del cuatro. Este libro es su regalo de cumpleaños y lo que más me ha costado es guardar la sorpresa.

Índice